Von Herz zu Herz

Für: ....

Von: ....

Die Engel, die nennen es Himmelsfreud,
die Teufel, die nennen es Höllenleid,
die Menschen, die nennen es Liebe.

Heinrich Heine

Martin Rossmann

Für dich!

Die schönste Liebeserklärung der Welt

Tressi bessi nebogen leila flusch kata ballubasch zack hitti zopp …

keine Ahnung, was das heißt.

Die schönste Liebeserklärung der Welt!

So beginnt »Seepferdchen und Flugfische«, von Hugo Ball, dem bekannten Schriftsteller. Eines der außergewöhnlichsten und verrücktesten Liebesgedichte, wie man mir verriet.

Ich jedenfalls stelle mir deine Lippen vor, wie du es sprichst, es flüsterst und wisperst, und finde es einfach super-grandios!

Happiness

Du Engel von einem anderen Stern!

Schön, dass du dich für diese Welt entschieden hast!

Ich will alles dafür tun, damit es dir

immer und überall gefällt auf Erden.

Komme nie auf die Idee wegzufliegen.

Und wenn doch – nimm mich einfach mit!

Geschenk der Liebe

Ich habe dich so lieb!
Ich würde dir ohne Bedenken
eine Kachel aus meinem Ofen schenken.

Joachim Ringelnatz

LA VIDA LOCA

Verrückt nach Leben

Du wunderst dich, warum ich schon wieder anrufe,
obwohl wir uns erst vor fünf Minuten

»tschüüüs« gesagt haben?

Ich hab einen großen Nachholbedarf:
all die Jahre, die ich ohne dich auskommen musste …

Reden ist Silber …

… Küssen ist Gold!

Liebespoesie

Es ist nicht einfach, ein Gedicht zu schreiben.
Und es ist gar nicht einfach, ein Gedicht
für dich, mein lieber Schatz, zu schreiben.
Fast unmöglich ist es, nicht bei dir zu sein
und ein Gedicht nur für dich zu schreiben.
Doch durch das »Dir-Schreiben« ist es viel,
viel leichter, nicht bei dir zu sein.

Hier meine Liebespoesie, extra für dich:

Von jedem Tag, von jeder Stunde
gehören fünf Viertel dir.
Und ich vermiss dich in jeder Sekunde,
weil ich liebe nur dir.

Sehnsucht aus der Ferne

Wenn ich mal nicht bei dir sein kann,
gebe ich Weisung an alle Vögel, Sterne,
Schmetterlinge, Blumen und Engel,
an alle Wesen, die wissen,
was Liebe **wirklich** bedeutet,
dich zu begleiten,
zu beschützen,
zu erfreuen und
von mir zu grüßen.

Pantomime

Als wärst du da, bewahre ich Haltung:
mein Körper will eben schön sein.
Und das nur für dich allein!
Ich hab mich nicht getraut, ihm zu sagen,
dass du wegmusstest. Für länger.
Bitte, komm schnell zurück:
Er ahnt schon, dass was nicht stimmt.

Lust auf Experimente ...?

Ich nicht. Auch wenn du es für spießig erachtest, ich bin froh, dass es genau so ist, wie es ist, und möchte, dass es für immer so bleibt. Was genau ich meine?

Dass wir beide ewig zusammenbleiben!

Jetzt, da ich bei dir war, ist alles anders. Ich fühle mich stark, auf einmal viel schöner und auf alle Fälle leichter denn je! Es würde mich im Moment nicht wundern, wenn sich die Sonne um mich drehen würde. Vorher war ich wohl gar nicht richtig auf der Welt. Ich Glückskind!

Das ging mitten ins Herz …

Tut mir Leid, dass es kein toller Hecht ist,
der an deinen Strand gespült wurde
oder dir ins Netz gegangen ist,
sondern nur ich, ein kleiner Fisch.
Aber: wenigstens einer mit Fahrrad!

Volltreffer, Amor!

Feb
14
Postage
Two Kisses
To
My Sweetheart
From

Ein männlicher Briefmark

Ein männlicher Briefmark erlebte
was Schönes, bevor er klebte.
Er war von einer Prinzessin beleckt.
Da war die Liebe in ihm erweckt.

Er wollte sie wiederküssen,
da hat er verreisen müssen.
So liebte er sie vergebens.
Das ist die Tragik des Lebens!

Joachim Ringelnatz

Wunschbrunnen

Wenn ich mich nur einfach umdrehen
und über die Schulter eine Münze
– platsch! – in den Brunnen
hineinwerfen könnte,
damit ich sicher wüsste,
ab jetzt und für immer
kann ich bei dir sein …

plitsch!
platsch!
platsch!

Engel

Engel

Wenn du mal schwierige Wege
ganz ohne mich gehen musst,
gebe ich einem Schutzengel den Auftrag,
dich auf all deinen Wegen zu beschützen.

Bengel

Aber ich besteche auch den Teufel,
damit er dich, jawohl: DICH!,
mit all seinen höllischen Tricks
sicher wieder zu mir führt!

Rosige Zeiten!

Lucky Lady oder King of Love,
du hast es geschafft, den Thron meiner Gefühle zu besteigen und mich mit Charme, Eleganz und Raffinesse um den Finger zu wickeln.

Respekt, das hast du gut gemacht!

Sweetest Heart

Kettenreaktion

Seit ich dich kenne, begreife ich erst,
was »Kettenreaktion« wirklich bedeutet.
Es ist doch wie bei den Dominosteinen:

Die kleinste Berührung bringt alles
ins Schwanken, in Bewegung, wirft alles um.

Die Berührung erregt das Herz,
das Herz den Körper,
der Körper die Seele,
die Seele die Gedanken.

Die fünf Sinne

Wir beide *sehen* rosa und sprechen eine Sprache, die mehr vermag als Worte. Wir *fühlen* Gänsehautkribbeln, wenn wir uns *schmecken*, und lieben uns bis in den Himmel, wenn wir uns *riechen*. *Hörst* du mich, hörst du mich leise flüstern: »Come on Baby, light my fire ...«

Statt Schlafen

Hast du die Lippen mir wund geküsst,
so küsse sie wieder heil,
und wenn du bis Abend nicht fertig bist,
so hat es auch keine Eil'.
Du hast ja noch die ganze Nacht,
du Herzallerliebste mein!
Man kann in solch einer ganzen Nacht
viel küssen und selig sein.

Heinrich Heine

Mit Sinn und Verstand
lässt sich jetzt nichts mehr machen.
Total verknallt, im 7. Himmel
und kaum genug Platz für alle
Schmetterlinge in meinem Bauch.
Ich kann dir nur eines sagen:

Volltreffer: Herzmitte!

Und zwar mit einer sagenhaften Zielsicherheit!

Zusammenbleiben forever

Vertrauen schenken

Das Lachen miteinander teilen

Für dich vom Himmel fallendes Glück einfangen

Füreinander da sein

Sich anschwindeln

Nicht aneinander glauben

Geheimnisse verraten

Träumen alleine nacheifern

Böses Blut

Pommes mit Honig?

Es ist nur wegen dir,
wenn jemand mit mir spricht
und ich nur lächelnd
durch ihn hindurchträume.
Salze ich heiße Schokolade
oder gebe Honig auf die Pommes,
dann habe ich gerade
ziemlich fest an dich gedacht.

Ich will gegen hundert Bäume laufen,
mich tausend Mal neben den Stuhl setzen
und mir mein Leben lang die Zähne
mit schwarzer Schuhcreme putzen,
wenn du nur immer bei mir bleibst!

Komm gut heim!

Wenn du zu Hause bist,
ruf mich nicht an,
geh lieber gleich schlafen.

Schlafe schnell,
wach noch schneller wieder auf,
komm schnellstmöglich
bei mir vorbei!

Tassenpoesie

Bei dir zu sein war mir nicht genug.
Wenn du ganz leise bist,
kannst du mich vielleicht hören.
Wie ich verliebte Worte flüstere,
leise vor mich hinsumme …

Ja richtig,
es kommt im wahrsten Sinne von innen!
Um dir ganz nah zu sein,
habe ich mich gestern
in deine Tasse geschmuggelt …

Rechnung + Lösung

Nie hätte ich mit dir gerechnet.
Das Rechnen ist ohnehin nicht so meine Stärke.
Mein Herz zählt heimlich die tausend Küsse,
die lieben Worte und die vielen kleinen Lächeln,
die ich von dir geschenkt bekomme.

Der Verstand, der sich mit dem Rechnen besser auskennt, hilft mir beim Zusammenzählen und Abziehen. Doch sogar er kommt immer auf das gleiche überzeugende Ergebnis: = DU …

♥ + ♥ = DU

♥ - ♥ = DU

♥ ÷ ♥ = DU

♥ · ♥ = DU

 = DU

AMOR CALIENTE

Heiße Liebe

Queen for a night

Es ist Nacht
und mein Herz kommt zu dir,
hälts nicht aus,
hälts nicht aus mehr bei mir.
Legt sich dir auf die Brust,
wie ein Stein,
sinkt hinein,
zu dem deinen hinein.
Dort erst,
dort erst kommt es zur Ruh,
liegt am Grund
seines ewigen Du.

Christian Morgenstern

Mal dir die Welt,
wie sie dir gefällt …

… und mach mich
zu deinem schönsten
Accessoire!

So, genug der Worte! Lass uns jetzt die Liebe leben.

Text: Martin Rossmann
Layout: Romy Gallina
Redaktion: Friederike Spieth
Herstellung: Jürgen Hailer
Printed by Tien Wah Press
ISBN: 3-7607-2333-0

www.arsedition.de